Entdecke Deine Vision

param

Als Vision,
als Hoffnung
und als Dank.

Stille.
Ich betrete heiligen Raum.
Meine Wahrnehmung
weitet
und
vertieft sich.

Die Fragen,
auf die es eine endgültige Antwort gibt,
sind nicht die wahren Fragen,
und dem muss ich mich stellen.
Ohne Antworten leben zu müssen.
Zu können.
Zu dürfen.

Fragen lösen sich auf
in Stille,
verhallen,
und mit ihrem Ausklingen
erscheint Sinn.

Das Geschenk empfangen,
keine Antworten haben zu müssen.
Ich staune.

Das So-Sein der Welt –
wie kann ich es
beschreiben,
wenn alles leuchtet,
singt,
tanzt?

Tief ergriffen falle ich auf die Knie,
berühre sanft trockene Erde
und weine.

Was wäre

in deinem Leben anders, wenn du dein volles Potenzial leben würdest? Wärest du dann heute hier? Wo wärest du? Was würdest du tun, wie sähe dein Leben aus? Wäre dein körperlicher Zustand derselbe? Dein emotionaler Zustand? Deine Beziehungen, Freunde und Freundinnen, wären sie dieselben? Wie würde dein Tagesablauf aussehen? Was würdest du tun?

Was lösen diese Fragen in dir aus? Die Reaktionen sind ganz verschieden – vielleicht ein heftiges *Ja!*, voller Freude und Energie. Vielleicht ein Unwohlsein? Eine Angst sogar? Vielleicht müßtest du dein ganzes Leben ändern, wenn du dein Potenzial leben würdest.

Oder lösen diese Fragen Ratlosigkeit aus? Wovon spricht der eigentlich? Du weißt gar nicht, was dein Potenzial sein könnte? Vielleicht glaubst du nicht einmal daran, dass du eines hast – das sei etwas für einige wenige Glückspilze, und du gehörst nicht dazu?

Wie auch immer deine Reaktionen auf diese Fragen ausfallen, es ist wichtig für dich, eine Vision zu entwickeln, wenn du Antworten finden willst. Damit meine ich nicht so sehr, Pläne zu schmieden oder Träume zu träumen, die nichts mit der Realität zu tun haben. Wir wanken gerne zwischen Träumerei und etwas, was wir ›Realismus‹ nennen. »Bleib auf dem Boden, Mensch!«

Eine Vision ist keine Träumerei. Sie ist auch nicht ein zurechtgestutzter Wunsch, der beschnitten wurde, um vielleicht ohne größeren Aufwand und Einsatz realisierbar zu werden. Eine Vision ist eine treibende Kraft. Es ist die Kraft, über uns selbst hinaus zu wachsen. Eine Vision ist eine kreative Kraft, die uns vergessen lässt, was wir *nicht* sind.

Stell dir vor, du wanderst im Nebel. Du siehst nur die unmittelbare Umgebung um dich herum. Du gehst zwar, doch du weißt nicht, wohin du gehst. Und warum gehst du eigentlich? Auch das ist dir nicht ganz klar. Du weißt einfach, dass du gehen sollst. Irgendwie...

Plötzlich lichtet sich der Nebel für einen Augenblick – du siehst eine helle, klare Bergspitze vor strahlendem Himmel. Da willst du hin! Jetzt weißt du es plötzlich. Das ist das Bild, das dich hierhin getrieben hat. Doch du hast es nie klar sehen können, in dir drinnen. Jetzt siehst du es. Du spürst die Kraft, die in dir freigesetzt wird, die Lebensenergie, den Lebenswillen. Und du gehst los, direkt auf die Bergspitze zu. Nach einer Weile verdichtet sich der Nebel wieder. Du bist umhüllt. Du siehst den Berg nicht mehr. Aber das macht dir nichts. Denn du kennst die Richtung. Du kennst dein Ziel. Du hast es in dir, du kannst es nicht mehr verlieren.

Dies heißt, eine Vision zu entwickeln. Sie kommt zu dir, wenn du dich ihr öffnest. Eine Vision ist ein Blick auf das, was sein wird. Du kennst die Richtung. Sie setzt Energien frei, die dich dahin bringen. Deine Vision ist dein Potenzial.

Deine Vision, dein Potenzial ist ein Geschenk an dich und die Welt.

Martin Schmid

Entdecke Deine Vision

param

Bibliografische Information Der Deutschen Bibliothek

Die Deutsche Bibliothek verzeichnet diese Publikation in der Deutschen Nationalbibliografie; detaillierte bibliografische Daten sind im Internet über http://dnb.ddb.de abrufbar.

Hinweis Alle Beschreibungen von Praktiken und Substanzen in diesem Werk sind nicht als Aufforderung zur Nachahmung bzw. Einnahme gemeint, sondern dienen rein informativ-unterhaltenden Interessen. Alle Sachbehauptungen sind im Zweifelsfall reine Fiktion. Der Verlag und der Autor schließen ausdrücklich jegliche Haftung aus, die aus den Darstellungen in diesem Werk abgeleitet werden soll.

Satz und Gestaltung ars . data . media, Ahlerstedt
Herstellung der Karten Altenburger Spielkartenfabrik
Herstellung des Buchs Druckerei Steinmeier, Nördlingen

ISBN 3-88755-078-1

www.param-verlag.de *eMail* info@param-verlag.de

Vision heute

Wir sind alle Kinder unserer Zeit. Wir können die Orientierungslosigkeit in unserer Welt umarmen, indem wir in ihr unsere persönliche Orientierung finden. Unsere Vision ruft uns auf vielen Wegen: als Sehnsucht, als Unzufriedenheit, als ein leises Flüstern in stillen Momenten, aber auch als Depression und Krankheit.

Ich will eine kleine Geschichte erzählen: Ein Mann hatte den unbändigen Drang, ein Gedicht aufzuschreiben, das sich gerade in ihm zu entfalten begann. Voller Inspiration und Eifer setzte er sich an seinen Computer, um das Gedicht sich entfalten zu lassen. Doch – der Computer streikte. Kein Zeichen gab er von sich. Er reagierte einfach nicht. Also kroch der Mann unter den Tisch. Prüfte die Stromkabel. Prüfte die Verbindungen von Tastatur und Maus. Der Computer blieb tot. Also holte der Mann einen Schraubenzieher. Öffnete den Computer. Überprüfte alle Stecker und Karten, ob sie richtig eingesteckt waren. Sie waren es. Der Computer blieb tot. Also suchte der Mann weiter, und schließlich schaffte er es tatsächlich, den Computer zu starten. Doch das Programm für die Textverarbeitung ließ sich nicht starten. Also durchsuchte der Mann das Betriebssystem und die Programme nach einem Fehler. Das nahm viel, sehr viel Zeit in Anspruch. Allmählich vergaß der Mann seine Inspiration. Er vergaß, warum er sich an den Computer gesetzt hatte. Er vergaß sein Gedicht, das sich in ihm und durch ihn nicht entfalten konnte und wurde Computerexperte.

Viele Jahre lebte er glücklich als Computerexperte. Sein Wissen und Können war gefragt, und seine Arbeit war eine Herausforderung. Mit den Jahren aber spürte er eine ungewisse Unruhe in sich. Er nahm sie zuerst gar nicht bewusst wahr. Dann spürte er sie deutlicher, wusste aber nicht, was es war und woher es kam, und verdrängte dieses seltsame Unbehagen. Doch es nützte nichts. Es wurde stärker. Der Mann wurde schwächer. Seine Arbeit machte ihm keinen wirklichen Spaß mehr. Er funktionierte nur noch, so wie es seine Computer tun.

Es war das Gedicht, das nach seiner Entfaltung rief. Doch der Mann erkannte es nicht. Er hatte es so sehr vergessen, dass er sein immer lauteres Rufen nicht erkannte. Schließlich wurden die Hilferufe des Gedichtes so laut, dass sie sich im Körper manifestierten. Der Mann wurde krank.

Ob wir dieser Geschichte ein Happyend geben oder nicht, liegt in unserer Hand. Tatsache ist, dass es vielen Menschen so ergeht. Und viele Menschen sterben, weil sie die Stimme ihres inneren Potenzials nicht mehr erkennen. Vielleicht sterben sie nur innerlich, vielleicht werden sie aber auch krank. Andere machen sich auf die Suche und ändern ihr Leben.

Mögliche Gründe für eine Visionssuche

Eine Visionssuche ist dann sinnvoll, wenn besondere Veränderungen eintreten, in Zeiten also, wo wir uns auf etwas Größeres ausrichten müssen, um uns Klarheit zu verschaffen. Eine Visionssuche ist auch ein Übergangsritual in eine neue Phase unseres Lebens.

Vielleicht hast du eine Beziehung beendet oder deinen langjährigen Beruf aufgegeben und musst dich neu im Leben orientieren. Vielleicht suchst du eine neue Herausforderung. Oder du möchtest dich auf eine ganz neue Art kennen lernen. Du möchtest das Potenzial verwirklichen, das in dir schlummert. Oder du stehst vor einer wichtigen Entscheidung. Vielleicht stehst du auch auf der Schwelle in eine neue Lebensphase wie Pubertät, Adoleszenz, Lebensmitte, Pensionierung und willst dein Leben bewusst gestalten. Oder du möchtest einfach nur Frieden schließen mit dir.

So gibt es unzählige Gründe, sich von seiner Vision finden zu lassen. Du merkst, wenn die Zeit da ist.

Die traditionelle Visionssuche

Die Visionssuche ist ein Ritual der amerikanischen Ureinwohner, das von diesen an uns weitergegeben wurde. In der Zeit des Überganges von der Kindheit zum Erwachsenen wurden die Jugendlichen in die stille Natur geschickt, um ihre Bestimmung, ihren Platz im Stamm und der Welt zu finden. Danach begleitete das Ritual der Visionssuche die Menschen durch ihr Leben, um immer wieder zu Besinnung und Klarheit zu kommen.

Die traditionelle Visionssuche dauert vier Tage. Diese Zeit verbringt der Suchende alleine und fastend in der Natur. Es gibt viele Gestaltungsmöglichkeiten dieses Rituals. Die wichtigen Elemente sind jedoch immer dieselben: die klare Absicht, eine Vision zu finden, Fasten zur Reinigung von Körper und Geist und der direkte Kontakt zur Natur, die den Suchenden mit ihren Energien unterstützt, zur Vision zu gelangen.

VisionCards

Wie kannst du die VisionCards einsetzen?

Nicht alle von uns haben die Möglichkeit, sich bei einer Lebenskrise für vier Tage alleine in die Natur zurückzuziehen, wie das bei einer traditionellen Visionssuche der Fall ist. Die Gründe dafür sind weit gefächert. Um im kleinen Rahmen eine innere Visionssuche unternehmen zu können, sind die VisionCards entstanden. Mit ihnen kann, wie weiter unten beschrieben, eine Vision gefunden werden, die dich aus einer Situation herausführt, in der du nicht weiterkommst. Du kannst sie auch als tägliche Anregung gebrauchen, um dein Leben bewusster, positiver und auf eine Vision gerichtet zu gestalten.

Die VisionCards haben sich aus der Erfahrung ergeben, dass manchmal ein ganz neuer Impuls sehr wertvoll sein kann. Die VisionCards sind vielseitig einsetzbar: sei es als persönlicher, täglicher Ratgeber, oder als Helfer in schweren Zeiten oder für eine Entscheidung, sei es als Impuls für eine Gruppenarbeit oder eine Therapie. Die VisionCards sind so vielfältig einsetzbar, wie du Ideen hast. Die Begleittexte in diesem Buch sind Ergänzungen, jede Karte steht aber auch für sich alleine da. Ob und wie du die Begleittexte also einsetzt, liegt ganz in deinem Ermessen.

Der heilige Raum

Wir sind gewohnt, etwas zu *erreichen*. Auf der einen Seite leben wir in einer Konsumgesellschaft, auf einer anderen Seite in einer Leistungsgesellschaft. Burnout, Nervenzusammenbrüche und Herzinfarkte sind ein Ausdruck davon. Nun, eine Vision werden wir nicht *erreichen*. Je mehr wir uns anstrengen, desto mehr wird sie uns entgleiten. Auch der Begriff der Visions*suche* ist in diesem Zusammenhang irreführend. Wir *suchen* keine Vision – wir lassen *sie* uns finden. Wir betreten heiligen Raum, öffnen uns und lassen die Vision an uns heran und in uns hinein.

Uns finden zu lassen, scheint uns vielleicht etwas ungewohnt. Es heißt nicht, nichts zu tun, sondern zuzulassen. Alles was geschehen muss, ist die Schaffung des heiligen Raums und eine Öffnung des Selbst.

Der heilige Raum ist schwer zu beschreiben. Er wird erfahrbar durch ein gesteigertes Bewusstsein, eine Weitung des Horizontes. Alles bekommt eine weitere Dimension – sei es die Natur, das eigene Erleben, der eigene Körper. Es bekommt diese Dimension aus sich selbst heraus, ohne unser Zutun. Die Dimension steigt aus dem Inneren der Dinge, ihre Essenz wird sichtbar. Auch der heilige Raum wird nicht gemacht, er entsteht.

In einer Visionssuche in der Natur betritt man den Raum kurz bevor man sich alleine auf den Weg macht. Oftmals wird er durch ein Ritual betreten, zum Beispiel das Räuchern mit Salbei. In der Arbeit mit den VisionCards unterstützt man die Erschaffung des heiligen Raumes zum Beispiel durch das Anzünden einer Kerze oder eine meditative Einstimmung.

Selbstverwirklichung und Egotrip

Der Selbstverwirklichung widme ich mit voller Absicht einen längeren Abschnitt, weil in ihr vielfältige Gefahren lauern, die sich sehr destruktiv auf das Selbst, auf das Umfeld und Mitmenschen auswirken können.

Am Anfang bestand das Leben aus Überleben. Dann wurde das Leben zu einer einzigen großen Nahrungssuche. Schließlich dann nahm die Nahrungssuche die Form von Arbeit vor einem Bildschirm an, bei der man mit vielen lustig angeordneten Knöpfchen Zeichen hervorzaubert. Oder so ähnlich. Für viele Menschen besteht das Leben auch heute noch vor allem aus Arbeit.

Doch es ist unübersehbar ein neuer Aspekt hinzugekommen: Selbstverwirklichung. Als wir noch auf Bäume kletterten und des Nachts von Tigern gefressen wurden, war an Selbstverwirklichung ebenso wenig zu denken wie dann, als wir tage- und nächtelang jagend durch die Wälder rannten, um unserer Familie neues Fleisch für den Winter bringen zu können.

Von der Evolution her betrachtet ist die Selbstverwirklichung, wie wir sie heute haben, ein ganz neues Phänomen. Das mag einige seltsame Auswüchse entschuldigen, zeigt uns aber auch eine Gefahr auf – den ›Egotrip‹. Es ist leicht, unter dem Aspekt der Selbstverwirklichung nur noch eigene Werte und Ziele zu verfolgen, weil nicht erkannt wird, dass diese Werte und Ziele egoistisch motiviert sind. In diese Falle können wir alle tappen. Deshalb ist hier eine Extraportion Bewusstsein und ständige Selbst- und Fremdreflektion wichtig.

Während mir meine Ziele vielleicht sehr universal und überpersönlich erscheinen, kann das für die Außenwelt ganz anders wirken, und das aus ganz verschiedenen Gründen. Das beste Mittel, um Selbstverwirklichung und Egotrip unterscheiden zu können, ist die genaue Beobachtung, wie das Umfeld reagiert, und da vor allem die Menschen, die uns wirklich lieben, also Menschen, die kein Interesse haben, uns nach ihren Vorstellungen zu formen. Menschen, die uns nicht benutzen und uns nicht manipulieren, sondern uns bedingungslos lieben.

Bringt uns unsere ›Selbstverwirklichung‹ in noch näheren Kontakt zu diesen Menschen? Löst sie Resonanz aus? Verbindet sie, vernetzt sie? Schafft oder weitet sie einen Raum der gegenseitigen Wertschätzung und Liebe? Wird die Selbstverwirklichung zum Geschenk für beide? Oder schafft sie Trennung, Widerstand, Unverständnis?

Natürlich kann auch wahre Selbstverwirklichung Trennung und Widerstand schaffen. Wenn ich ein Leben lang eine Lüge gelebt habe, kann die Wahrheit weh tun. Wenn ich ein Leben lang das Leben der anderen gelebt habe, so wie sie es von mir erwartet haben, dann kann Selbstverwirklichung heißen, dass ich mich aus diesem Netz der Manipulation und Fremdbestimmung befreie. Und dies heißt, Menschen loszulassen, heißt Trennung. Dass dieser Prozess bei den betroffenen Menschen Unverständnis auslöst, ist offensichtlich.

Deshalb brauchst du Spiegel, die kein egoistisch motiviertes Interesse haben, dir etwas vorzuspiegeln. Dies sind die Menschen, die dich bedingungslos lieben. Oder es ist der Leiter der Visionssuche, der nicht in dein Leben involviert ist und deshalb auch keine egoistische Motivation hat, dich in eine Richtung (irre) zu führen, die nicht deine, sondern seine ist. Oder es ist der Therapeut, der auch über diese nötige Distanz verfügt und dich spiegelt.

Das eigentliche Problem mit dem Egotrip ist nicht nur, dass er unsere ursprünglich hehren Ziele vernebelt oder verdreht, sondern dass er unzählige Probleme schafft. Wenn du dich also plötzlich von einer Unmenge unlösbarer Probleme umzingelt siehst, und eine Lösung in immer größere Ferne rückt oder ganz verschwindet, ist dies ein sicheres Zeichen dafür, dass diese Probleme nicht von außen auf dich zukommen, sondern dass sie aus deinem Inneren entstehen und sich lediglich nach außen verlagern. Was also ist dein Anteil an der Situation? Was kreierst du selbst? Das sind schwierige Fragen. Denn das Ego wird sich mit aller Kraft gegen die Idee wehren, selbst Auslöser der Misere zu sein.

Da ist es auch sehr wichtig, dass du dich selbst liebst.

Du bist ein Mensch, und deshalb nicht unfehlbar. Wir sind alle unterwegs. Wir alle gehen unseren Weg so gerade und zielgerichtet, wie wir es können. Wir alle gehen ihn nicht schnurgerade. Wir alle verlieren uns manchmal. Solange wir bereit sind, uns wieder finden zu lassen, ist das völlig in Ordnung.

Du verringerst den Widerstand des Egos, indem du dich liebst. Indem du dich in schweren Zeiten an deine Qualitäten erinnerst. Eine sehr gute Übung ist, in einer Zeit, in der es dir gut geht, eine Liste mit den Qualitäten zu machen, die du an dir selber schätzt. Oder dass du dir einen Brief schreibst, in dem du dir mitteilst, wie sehr du dich schätzt.

Wenn du dich dann in einer dunkleren Zeit nicht mehr lieben kannst, nimm diese Liste oder diesen Brief hervor. Und glaube, was darin steht. Lass es in dein Herz hinein. Denn dein Herz, nicht dein Ego, ist dein Zentrum.

Ein ähnliches Ritual mache ich mit den Menschen, die von einer Visionssuche zurückkommen. Sie schreiben sich selbst einen Brief aus dem Herzen, in dem sie sich ihre Vision beschreiben und alle die Gefühle und Empfindungen, die damit verbunden sind. Diesen Brief geben sie mir. Ich lese ihn nicht, bewahre ihn auf. Nach einem Jahr schicke ich den Brief an den Schreiber. Du erhältst ein Jahr nach deiner Visionssuche einen Brief von dir selbst. Einen heilenden Brief von dir selbst.

Achte also auf die Zeichen. Sei dir bewusst, dass du jederzeit auf dem Egotrip sein kannst. Und es nicht merkst!

Das ist menschlich. Das ist okay. Solange du bereit bist hinzuschauen.

Als einfache Regel merke dir: Die Verwirklichung einer Vision bewirkt Integration statt Separation.

Vorschläge zum Umgang mit den VisionCards

Visions-Tagebuch

Ein Tagebuch, in dem die Ziehung der Karten und ihre Interpretationen festgehalten werden, kann eine großartige Hilfe sein, um größere Zusammenhänge zu entdecken, die sich mit der Vernetzung verschiedener Karten und Interpretationen über einen längeren Zeitraum ergeben. Aber auch für unregelmäßige Befragungen kann ein solches Buch dienen, den heiligen Raum zu betreten, zu weiten und zu durchwandern, wenn du deine Gedanken zur Karte oder zum Text aufschreibst.

Impulskarte

Du stellst keine Frage. Du wirst ruhig. Du wirst still und leer. Dann lässt du dich von einer Karte finden.

Fragekarte

Du hast eine konkrete Frage. Je genauer du die Frage stellst, desto genauer kann die Karte antworten. Am besten ist, wenn du die Frage aufschreibst, bevor du eine Karte ziehst. Dann verfällst du nicht der Versuchung, beim Lesen der Karte oder des Kommentars die Frage so zu ändern, dass die Antwort sofort einleuchtet.

Manchmal geben die Karten eine Antwort, die nicht sofort zu verstehen ist. Die Frage dann so zu drehen und zu wenden, damit doch eine schnelle Antwort stimmig wird, kann die Chance verhindern, einen ganz neuen Impuls zu bekommen, den *entscheidenden* Impuls.

Mehrere Karten ziehen

Wenn die Ausgangslage komplex ist, empfiehlt es sich, mehrere Karten zu ziehen. Stelle deine Frage. Sei dir bewusst, zu welchem Aspekt des Prozesses (s. u.) du eine Karte ziehst. Lege sie verdeckt hin, von links nach rechts. Erst wenn du alle Karten gezogen hast, kehre die Karten um. Die erste Möglichkeit ist:

Drei Karten (I)

Erste Karte: Die Situation jetzt. Was ist das Potenzial in der gegenwärtigen Situation? Wo ist der Widerstand?
Zweite Karte: Die Handlung. Welches Handeln oder Sein ist jetzt förderlich? In welche Richtung sollte der Wahrnehmungshorizont geweitet werden?
Dritte Karte: Das bestmögliche Resultat. Die Vision. Was ist das Potenzial?

Wenn das Problem mehr auf dich bezogen scheint als auf eine Situation, kann dir folgende Fragestellung helfen, deine eigenen inneren Widerstände und Potenziale besser zu verstehen:

Drei Karten (II)

Erste Karte: Du selbst jetzt. Deine innere Situation.

Zweite Karte: Deine Herausforderung. Die Herausforderung ist dein Potenzial, das an deine innere Türe klopft, dein Wachstumspotenzial.

Dritte Karte: Das bestmögliche Resultat. Diese Karte sagt dir, was du aus der Situation lernen wirst, wenn du sie annehmen kannst und sie als Herausforderung nimmst.

Sechs Karten

Erste Karte: Die Vergangenheit. Was liegt direkt hinter dir?

Zweite Karte: Du selbst jetzt. Deine Situation im gegenwärtigen Moment.

Dritte Karte: Das Potenzial. Was wird passieren? Was wird entstehen, was vergehen im Laufe dieses Prozesses?

Vierte Karte: Die Essenz. Die Grundlage der Situation, die Kräfte, die zur Entfaltung streben. Die Kräfte, die Widerstand leisten.

Fünfte Karte: Deine Herausforderung. Das Wesen deiner eigenen inneren Hindernisse und Potenziale.

Sechste Karte: Das bestmögliche Resultat. Die Vision. Der optimale Ausgang der Situation.

Karten mit mehreren Teilnehmern ziehen

Eine Gruppe, ein Team oder ein Paar hat eine Fragestellung, die gemeinsam angeschaut werden sollte. Jeder der Teilnehmer zieht drei Karten. Der erste deckt seine erste Karte auf, liest sie vor und eventuell den Kommentar dazu. Dann gibt er eine Interpretation zu der Fragestellung ab.

Dann kommt der zweite an die Reihe und deckt seine erste Karte auf. So geht es weiter, bis alle ihre drei Karten aufgedeckt haben. Das Entscheidende dabei ist, dass die verschiedenen Interpretationen und Bemerkungen aufeinander Bezug nehmen und so ein Netz von Beziehungen und Visionen gestrickt wird, das zu einem organischen Ganzen verwoben wird.

Kommentare zu den VisionCards

1

Das Universum vertraut dir.

Wenn wir nicht mehr weiter wissen, wenn wir keine Lösung mehr sehen, ziehen wir uns zurück. Wir vergessen, dass wir Teil eines Großen sind, dass unsere individuelle Aufgabe zum Wachstum des Ganzen gehört. Wir vergessen, dass wir kein wirkliches Einzelschicksal leben, sondern Teil eines großen Evolutionsprozesses sind. Dass sich durch uns das Universum erforscht.

In Zeiten der Isolation ist es wichtig, die inneren Quellen der Kraft nicht zu vergessen.

Unterbrich deine Verbindung zum Großen nicht. Denn im Großen liegt der Sinn. Im Zusammenhang wird unser Einzelschicksal sinnvoll. Diese Karte fordert dich auf, Vertrauen zu haben. Sie fordert dich auf, auch in dunklen Zeiten an die Verbindung zu glauben, denn sie *ist da.* Die Karte sagt dir, die innere Zuversicht zu entwickeln. Erinnere dich an deine Kraftquellen.

Was sind deine Quellen der Kraft?

2

Wenn du in deiner Wahrheit bist, ist das Universum Teil von dir.

In der Wahrheit sein heißt, authentisch sein. Authentisch sein heißt, *dein* eigenes Leben zu leben. Nicht das Leben eines anderen. Das Leben eines anderen leben heißt, sich unreflektiert nach den gesellschaftlichen Regeln zu richten, nach den Regeln, Konventionen, ungesagten Abmachungen, Glaubens- und Verhaltensmustern, die uns in der Familie und in unserem Umfeld mitgegeben wurden.

Wir alle sind voll von inneren Stimmen, die uns unentwegt sagen, was wir dürfen und was wir nicht dürfen, was gut ist und was schlecht. Doch die meisten sind verinnerlichte Stimmen, die einst im Außen waren.

In der eigenen Wahrheit sein heißt, alle diese Stimmen hinter sich zu lassen und zur eigenen inneren Stimme durchzudringen. Es heißt, nicht die Erwartungen anderer zu erfüllen. Und darin liegt auch eine Gefahr – die Gefahr zum Rebellentum. Rebellion ist jedoch nur eine andere Form von Abhängigkeit.

Diese Karte fordert uns auf, auch diese Abhängigkeit hinter uns zu lassen und einen Raum zu betreten, in dem unsere Wahrheit und die Wahrheit des Universums nicht mehr getrennt sind. Finde die universale Wahrheit in dir.

3

Werde still.
In der Stille offenbart sich
der Sinn.
In der Stille wird alles zu dem,
was es ist.

Finde einen Ort innerhalb oder außerhalb von dir, in dem du Stille verspürst. Spüre diese Stille, und lass sie sich allmählich ausbreiten, bis sie dein ganzes Wesen erfüllt. Stille ist eine Dimension. Sie ist erlebbar als Klarheit, Zentriertheit, Ruhe und Zuversicht. Stille leuchtet.

Wir haben die Tendenz, Probleme mit kreisenden Gedanken so einzuhüllen, dass wir das eigentliche Problem nicht mehr sehen können. Und wenn wir das Problem nicht sehen, ist es auch schwierig, eine Lösung dafür zu finden.

Still werden heißt also, durch die Schichten der Verwirrung hinunter zu sickern, wie sich ein Sandkorn auf den Grund des Meeres hinabfallen lässt.

Indem wir den Verwirrungen keine weitere Energie mehr hinzufügen, werden sie sich allmählich auflösen.

Diese Karte fordert dich auf: lass dich fallen – durch alles hindurch bis zum Kern. Das braucht Vertrauen. Denn es heißt auch, die Kontrolle gehen zu lassen. Wenn du still wirst, hast du keine Kontrolle mehr über die Dinge, sie zeigen sich – unverhüllt, so wie sie sind. Das Vertrauen, das du dazu brauchst, kommt aus der Gewissheit, dass Klarheit *gut* ist.

4

In der Angst liegt eine tiefe Weisheit. Finde sie.

Wenn wir Angst haben, rennen wir davon. Das ist eine primitive Reaktion. Tiere rennen weg, wenn das Feuer auf sie zukommt. Dieses Verhalten ist tief in uns verankert. Doch für viele innere Aspekte ist wegrennen nicht die Lösung. Im Gegenteil.

Deine Angst kreiert eine Trennung, die nicht wirklich existiert. Angst sagt dir: Es gibt keine Lösung! Und sie stellt sich genau vor die Türe, hinter der wir die Lösung finden können. Die Angst wird zur Türe. Der Weg zur Lösung führt durch die Angst.

Diese Karte ermutigt dich dazu, dich deiner Angst zu stellen und durch sie hindurch zu gehen.

5

*Oftmals ist es das Kleine, Unscheinbare,
das die größte Kraft besitzt.
Behalte das in deinem Bewusstsein.*

Wir leben in einer Welt der Superlative. Wenn wir von Visionen sprechen, sind wir versucht, uns gewaltige Erscheinungen in göttlicher Erhabenheit mit Glanz und Glorie vorzustellen. Wir sind es nicht mehr gewohnt, dass stille, kleine Ereignisse große Kraft haben können.

Diese Karte weist dich darauf hin, auf die kleinen Dinge zu achten. Zum Beispiel das Lächeln eines anderen Menschen. Oder ein fallendes Blatt im Herbst, das einen Lichtstrahl streift. Der Klang eines Bächleins. Der sanfte Wind in den Haaren. Solche Dinge bergen eine tiefe Stille, einen tiefen Frieden. Sie können dich mit der gleichen Wucht berühren wie eine Katastrophe. Nur ist es eine sanfte Wucht, eine heilende Kraft.

Achte auf die kleinen Dinge. Lass dich nicht vom Spektakulären ablenken. Bleib stehen, lausche, schau und staune.

6

Weite deine Grenzen und du wirst erfolgreich sein.

Diese Karte sagt dir deutlich, dass du über dich hinaus wachsen kannst. Du bist viel mehr, als du im Moment lebst. Du bist größer, als du dir im Moment zutraust.

Du hast gelernt, was du bist. Es wurde dir immer und immer wieder gesagt. Um dich selbst zu definieren, hast du dich an den Menschen um dich herum orientiert. Du hast dir eine Definition geschaffen. Du bist ein Rahmen.

Jetzt ist es an der Zeit, dass du dich der Möglichkeit öffnest, viel mehr zu sein. Dass dein wahrer Rahmen viel weiter ist. Dass du den Horizont beliebig weit ausdehnen kannst. Du bist keine Definition. Es gibt keine Einschränkungen, nur die, die du dir selbst erschaffst.

Was schlummert wirklich in deinem Inneren? Was kannst du nähren und zum Leben erwecken, das in deiner Definition bis jetzt keinen Platz hatte?

Erlaube dir große Visionen. Wachse über dich selbst hinaus! Jetzt, und von jetzt an immer. Du wirst staunen, was du alles in dir findest.

7

Suchen?
Erlaube,
dass du gefunden wirst.

Wenn du suchst, engst du dein Blickfeld ein. Dein Wahrnehmungshorizont verkleinert sich. Du nimmst die Ganzheit nicht mehr wahr. Darum öffne dich allen Möglichkeiten, und du wirst gefunden.

Gefunden werden heißt für dich jetzt nicht, dass du dich in deinem Sessel zurücklehnst und wartest. Tu alles, damit du gefunden werden kannst. Erzähle dem ganzen Universum auf tausend Arten, dass du bereit bist, gefunden zu werden.

Bei der Visionssuche in der Natur gibt es die Übung, von einem Geschenk der Natur gefunden zu werden. Wenn du offen bist, wird es dich finden.

In der Visionssuche wie im Alltag kannst du spüren, wenn eine neue Chance, eine neue Idee oder ein neuer Impuls in deine Nähe kommt. Du kannst dies spüren als eine erhöhte Aufmerksamkeit für die Vorgänge in dir und um dich herum. Wenn du dann zu suchen beginnst, ist die Chance groß, dass es sich verflüchtigt und du falsche Dinge findest, die einfach mehr deiner Erwartungshaltung oder deinem momentanen Horizont entsprechen. Wenn du also spürst, wie etwas in deine Nähe kommt, öffne dich und *sei da.* Gib ihm die Gelegenheit, sich zu zeigen.

Diese Karte weist dich auf großartige Chancen hin. Empfange sie.

8

*Es führt kein Weg zum Sinn.
Sinn ist.
Lass ihn zu, das reicht.*

Manchmal sehen wir den Sinn einer Sache nicht. Vielleicht müssen wir ihn auch gar nicht sehen. Wichtiger ist das tiefe Vertrauen, dass er da ist, und dass er wirkt. Denn Sinn ist nicht von deiner Wahrnehmung abhängig. Er wirkt immer, wenn du ihn zulässt. Lass los und vertraue. Vertraue, dass es einen Plan gibt, der zu groß ist, als dass du ihn voll erfassen könntest. Vertraue darauf, dass du geführt wirst von jemandem, der den Plan erfassen kann. Die Dinge werden dadurch vielleicht nicht einfacher, aber sinnvoller.

Sinn entsteht von innen, durch Vernetzung. Sinn besteht nicht isoliert. Die Zusammenhänge sind der Sinn. Sinn zu sehen heißt also für dich, die Zusammenhänge zu sehen. Die Zusammenhänge siehst du, wenn du deinen Wahrnehmungshorizont weitest.

Vertraue, weite deine Wahrnehmung, und vertraue noch mehr.

9

Loslassen geschieht durch zulassen.
Zulassen geschieht durch vertrauen.
Vertraust du?

Loslassen kannst du nicht wollen. Es muss geschehen. Es geschieht dadurch, dass du es zulässt. Es geschieht dann, wenn du ihm nicht im Weg stehst. Doch das Loslassen zuzulassen, kann gar nicht so einfach sein. Wenn du einen Freiraum schaffst, indem du etwas loslässt, das dir lieb und teuer ist, oder wenn du vor den Folgen Angst hast, dann kannst du es nicht einfach zulassen. Es gibt Menschen, die stehen ihr ganzes Leben lang vor ihrer großen Chance, aber sie können sie nicht ergreifen, weil sie es nicht wagen, in den Abgrund vor sich zu springen.

Darum vertraue. Finde das Vertrauen in dir, dass dein Loslassen Sinn macht. Vertraue darauf, dass du ein Geschenk erhältst, wenn du dir den Freiraum dazu schaffst, auch wenn du noch nicht weißt, was dieses Geschenk sein wird.

Das Vertrauen musst du vielleicht zuerst üben, doch es ist in dir. Es ist eine angeborene Eigenschaft, eine Qualität von dir. Und es ist wichtig, dass du es jetzt findest. Lass die schlechten Erfahrungen hinter dir, indem du aus ihnen lernst und *trotzdem* vertraust. Manchmal ist Vertrauen das Letzte was wir haben. Also gib es nicht auf, sondern nutze es. Bewahre dir ein Vertrauen, das du hattest, als du zur Welt kamst.

Dadurch schaffst du dir Möglichkeiten, die du jetzt noch nicht sehen kannst.

10

Die Vision ist in dir.
Lass sie zu.

Du bist ein visionäres Wesen. Du bist großartig in deinem Wesen. Es gilt nur, das zu erkennen. Steh dir nicht selbst im Weg, indem du nicht an dich glaubst. Du hast ein großes Potenzial. Erkenne dies, und es wird sich entfalten. Denn das ist seine Bestimmung, seine Dynamik. Dein Potenzial, deine Vision, dein Leben wird sich entfalten, wenn du dir selbst nicht im Weg stehst.

Stehe dir nicht selbst im Weg. Schränke dich nicht selbst ein.

Was hindert dich daran, deine Vision sich entfalten zu lassen? Suche die wahren, tiefen Gründe, und lass sie los. Dann brauchst du nur noch Geduld mit dir selbst. Und du wirst staunen.

11

Finde Transformation durch Integration.

Die Lösung liegt nicht irgendwo jenseits des Problems, sondern im Problem selbst. Sie liegt nicht jenseits der Angst, sondern in der Angst. Wie ein kleiner Same liegt sie da und wartet auf den richtigen Zeitpunkt, um zu keimen.

Wie fügst du dem Samen Wasser zu? Indem du dein Problem nicht beiseite schiebst, sondern es aus verschiedenen Blickwinkeln betrachtest. Betrachte es ohne zu werten aus allen möglichen Richtungen. Lass andere Standpunkte zu. Andere Betrachtungsweisen können ganz neues Licht auf deine Situation werfen. Und dieses Licht braucht der Same der Lösung, um keimen zu können.

Schaffe einen Raum, in dem alles Platz hat, ohne dass du es wertest. Vielleicht platzierst du tatsächlich in einem Raum zum Beispiel einen Stein, ein Foto oder sonst einen Gegenstand, der dein Problem symbolisiert. Dann wanderst du ganz langsam und allmählich darum herum. Verweile. Betrachte dein Problem aus den wechselnden Blickwinkeln und höre, was dazu gesagt wird.

Die Lösung keimt, wenn du ihr den Raum dafür gibst. Sie ist das Geschenk, das mitten im Zentrum deines Problems liegt.

12

Wenn du dich für Freiheit entscheidest, heißt das, größer zu werden als die Angst.

Wir alle wollen frei sein. Wir wollen frei sein, weil es ein Grundrecht eines jedes Menschen ist. Wir sind mit genügend Bewusstsein und Vernunft ausgestattet, dass wir frei sein können.

Viele, die sich für Freiheit entscheiden, entscheiden sich in Wirklichkeit für Rebellentum. Rebellion ist nur eine andere Form der Abhängigkeit. Wirklich frei sein heißt, größer zu werden. Größer als deine Angst.

Wir alle haben Angst. Du kannst sie nicht einfach auflösen. Was du tun kannst, ist, nicht darin zu versinken. Werde größer als die Angst, werde größer als das, was dich belastet. Nutze deine Quellen der Kraft, um darüber hinauszuwachsen. Umhülle deine innerste Angst mit Licht. Umhülle sie mit deiner Größe, deinem Potenzial, deiner Vision, deinem Herzen, deiner Liebe. Denn das will die Angst – sie will geliebt werden. Sie will verstanden werden. Sie will gehört und gehalten werden. Dieses Geschenk kannst du ihr geben – und sie wird dir dafür ein Geschenk zurückgeben. Lass zu, dass du dir dieses Geschenk selber geben kannst.

13

Es ist nicht die Zeit zu handeln. Es ist nicht die Zeit zu wissen. Die Umstände begünstigen nicht die bewusste Entfaltung einer Vision. Das Verwirklichen von Potenzial nimmt keine konkreten Formen an.

Das ist nicht negativ zu werten. Diese Karte zeigt vielmehr eine Phase der Ruhe und des Rückzugs an. Die Knospen von Bäumen und Sträuchern werden schon im Herbst gebildet. Dann harren sie still und ruhig durch den Winter auf günstige Bedingungen. Im Frühling, wenn die Bedingungen stimmen, beginnen sie sich zu entfalten.

Das beharrliche Warten ist der Zustand, der von dieser Karte beschrieben wird. Es ist das Unwissbare, das Nicht-Konkrete, das auf günstige Bedingungen wartet.

Gib dir Raum und Zeit. Lass dich nicht zu einer Entscheidung drängen. Jetzt ist die Zeit, dich zurückzunehmen. Nicht mehr, nicht weniger.

Wenn sich diese Karte auf ein Resultat bezieht, auf den Ausgang oder das Potenzial eines laufenden Prozesses, dann ist das Ergebnis noch sehr offen. Vertraue auf den natürlichen Fluss der Dinge, auch wenn du nicht siehst, wohin die Reise geht.

14

Lerne, indem du dich an das Wesentliche erinnerst. Lerne, indem du das Unwesentliche weiterziehen lässt.

Was ist das Wesentliche? Wenn du alles von dir abwirfst, was du im Laufe deines Lebens angesammelt hast, all die Dinge, Stimmen, Meinungen, Wertvorstellungen – was bleibt dann übrig? Wer warst du vor deiner Geburt?

Erinnere dich daran, welch wunderbares Wesen unter den vielen Schichten steckt. Erinnere dich an deine Einzigartigkeit. Lass los. Werde still, und lass den Lärm, mit dem du dich umhüllst, verklingen. Höre deine eigene Stimme. Sprich deine Worte. Lebe *dein* Leben.

Sich an das Wesentliche erinnern heißt, sich selbst zu finden. Das Unwesentliche weiterziehen zu lassen heißt, aufzuräumen und loszulassen.

Vielleicht entspricht dein innerstes Wesen nicht den Erwartungen anderer. Was willst du? Wessen Leben willst du leben?

Vielleicht entspricht dein innerstes Wesen nicht deinen Vorstellungen, weil es sehr viel unspektakulärer und stiller ist, als du gerne sein möchtest. Dann befasse dich damit, warum du so sein möchtest. Und du wirst finden, dass der Wunsch, jemand Spezielles zu sein, entstand, um die Leere zu füllen, die sich auftat, als du den Kontakt zu deinem Innersten vor langer Zeit verlorst.

Du bist nicht speziell. Aber du bist einzigartig!

15

Wunder geschehen von Herz zu Herz

Das Herz besitzt eine Kraft, die größer ist als alle anderen Kräfte – Liebe. Wie sehr ist das Herz Zentrum deines Lebens? Lässt du dich von deinem Herzen leiten?

Es ist so, dass das Universum nicht ein Menschenherz besitzt, sondern nach anderen Gesetzmäßigkeiten abläuft. Sonst würde ja nicht geschehen, was auf unserer Erde täglich geschieht. Wir Menschen aber haben mit dem Herzen und der damit verbundenen Kraft und Weisheit der Liebe ein Geschenk bekommen, mit dem wir andere und uns selbst unendlich reich beschenken können.

Achte deshalb auf die vier Kräfte in deinem Herzen. Wie voll ist dein Herz? Ist es offen? Ist es tapfer? Ist es klar? Fülle, Offenheit, Tapferkeit und Klarheit sind die vier Kräfte deines Herzens. Kultiviere sie alle.

Wir alle wurden in unserem Herzen verletzt. Jetzt ist es Zeit, diese Verletzungen zu heilen.

16

Es ist deine Wahrnehmung. Erinnere dich immer wieder daran.

Alles was du wahrnimmst und empfindest ist Wahrnehmung und Empfinden *durch dich hindurch*. Du bist wie ein Filter.

Deine Empfindungen und Wahrnehmungen sind also immer subjektiv geprägt. Das ist ein großes Geschenk, denn dadurch wird das Leben zu einem kreativen Austausch. Es kann aber auch sein, dass deine Widerstände dadurch entstehen, dass du diese Subjektivität vergessen hast.

Diese Karte erinnert dich an deine Subjektivität. Vielleicht ist dein Standpunkt völlig richtig. Ein anderer Standpunkt kann aber gleichzeitig genauso richtig sein.

Viele Konflikte in dieser Welt entstehen, weil zwei der Meinung sind, ihr Standpunkt sei der richtige. Hör auf zu meinen, dein Standpunkt sei der einzig richtige.

17

*Es gibt keine Einsamkeit.
Achte auf die innere Verbindung
von allem und mit allem.*

Wenn du dich einsam fühlst, fühlst du dich isoliert, unverstanden.

Diese Karte fordert dich auf, deine Wahrnehmung so zu weiten, dass du erkennst, dass du nicht isoliert bist. Du bist eingewoben in ein vielschichtiges Netz gegenseitiger Beeinflussungen.

18

Jedes Bemühen ist nur Widerstand. Lass los.

Bemühen ist in diesem Moment zu viel. Es zeigt dir, dass du nicht Teil des natürlichen Entfaltens bist. Wenn du im Fluss fließen würdest, müsstest du dich nicht anstrengen.

Gehst du über deine Grenzen? Verlangst du (oder jemand) etwas von dir, das du nicht geben kannst? Bestehen Erwartungen, die nicht erfüllt werden können?

Die Weisheit liegt darin, dies zu erkennen und die Konsequenzen daraus zu ziehen. Du kannst nicht Erwartungen erfüllen, die mit der Ganzheit nicht im Einklang stehen.

Diese Karte rät dir, die Motivation deiner Bemühungen genau zu untersuchen. Warum willst du schneller fließen als der Rest des Flusses? Dann gib deine Bemühungen auf. Achtung: deine Bemühungen! Nicht dich oder deine Vision, sondern lediglich das, was nicht förderlich und natürlich ist. Du wirst sehen, dass du auf längere Sicht schneller vorwärts kommst, wenn du nicht aktiv Widerstand gibst, sondern auf die selbstregulierenden Kräfte des Universums vertraust.

19

Nimm an, was kommt.
Im Annehmen
liegt der Sinn.

Unsere instinktive Reaktion ist meist, auf etwas Neues oder auf Druck mit Widerstand zu reagieren. Das ist ein Schutzmechanismus, der seine Berechtigung hat. Oft ist er jedoch eher kontraproduktiv.

Wir können etwas nur Verstehen, wenn wir es nicht gleich von uns weisen. Wie sollen wir etwas betrachten, es kennen lernen, wenn wir es sofort ablehnen? Wenn wir es verstehen wollen, müssen wir es annehmen können. Annehmen heißt nicht, sich damit zu identifizieren oder damit einverstanden zu sein. Es heißt, das, was kommt, erst einmal willkommen zu heißen und es dann zu halten, damit man es betrachten kann.

Dahinter steckt auch die Einsicht, dass in allem ein Geschenk enthalten ist. Wenn ich die Herausforderung von mir weise, weise ich auch das Geschenk von mir. Das Annehmen ist das Tor, durch das ich neue Räume betreten kann.

Geh in deine Mitte, entspanne deinen Körper und Geist, lass los und nimm an. Wachsam, achtsam, aufmerksam – aber offen.

20

Was ist deine Wahrheit? Wohin zeigt sie?

Wir haben viele Wahrheiten in uns. Es gibt unausgesprochene ›Wahrheiten‹, wie zum Beispiel gesellschaftliche Konventionen oder familiäre Verhaltensmuster. Sie erscheinen uns als Wahrheiten, weil sie vorwiegend unbewusst wirken und in dem Rahmen, den sie selber schaffen, auch zu funktionieren scheinen.

Weiter wirken in uns ›Wahrheiten‹, die ausgesprochen werden. Viele sind eigentlich nichts anderes als verallgemeinerte, individuelle Überzeugungen, die nur deshalb wie Wahrheiten erscheinen, weil sie nicht hinterfragt werden.

Wir haben die gesellschaftliche Wahrheit in uns, die göttliche Wahrheit und die Wahrheit unseres niederen Selbst. Dies ist die selbstsüchtige, egozentrische Wahrheit.

Es ist nicht so, dass Wahrheit immer gut ist. Wenn ›Wahrheit‹ aus dem niederen Selbst kommt, ist sie meist verletzend. Die Leute fahren dich an und sagen dir »nur ihre Wahrheit«, und unter diesem Deckmantel teilen sie ihre Schläge aus.

Es ist weise, dies nicht zu tun. In deiner göttlichen Wahrheit liegt deine Kraft, dein Potenzial. Deine ureigene Wahrheit erkennst du daran, dass sie einbezieht und integriert, statt Trennung zu schaffen. Was ist deine ureigene Wahrheit? In welche Richtung strebt sie? Das ist der Weg.

21

Wahrheit und Sein
sind untrennbar miteinander verwoben.
Willst du also Wahrheit finden,
sei.

Unsere Wahrheit ist nicht außerhalb von uns. Doch wie finden wir sie? Diese Karte fordert uns auf, *nichts* zu tun. Oder nichts zu *tun.* Denn Wahrheit ist nicht *etwas,* das man findet. Wahrheit ist entfalten. Wahrheit entsteht. Wahrheit bildet sich, nimmt Gestalt an, wenn wir sind, statt zu tun, wenn wir erlauben, statt zu wollen, wenn wir Teil der natürlichen Entfaltung sind, statt alles kontrollieren zu wollen.

Nichts tun heißt, sich selber und somit der freien Entfaltung nicht im Wege zu stehen. Wo stehst du dir selbst im Weg? Warum? Kannst du loslassen und dich in deine Wahrheit fallen lassen?

Wahrheit heilt. Dich und andere. Es lohnt sich also, ihr zu vertrauen, sich ihr ganz zu überlassen.

22

Stille ist. Lass dich in sie hineinfallen.

Es gibt nichts zu tun. Werde still, indem du nichts tust, nichts willst, nichts musst. Es ist, wie wenn du dich schlafen legst. Nur bleibst du mit deinem Bewusstsein präsent, während du ins Nichtstun gleitest.

Sei dir bewusst, dass Nichtstun heißt, sich selbst nicht im Weg zu stehen. Es heißt nicht, einfach alles fahren zu lassen. Bleib bei deiner Wahrnehmung, bleib in deinem Zentrum, bleib mit den Füßen auf dem Boden. Aber tue nichts.

23

*Vertraue,
achte auf Zeichen,
lass dich führen.*

Vertrauen ist der Boden, auf dem die Blumen des Lebens zu voller Blüte gebracht werden. Doch um Vertrauen aufbauen zu können, müssen wir in uns selbst zuhause sein. Wir entwickeln ein Gefühl für unsere Mitte, unser Zentrum, das durch alle Lebenssituationen hindurch unser Anker ist, unser Auge des Orkans, die stille Insel im wogenden Meer.

Manchmal müssen wir wirklich in den Abgrund springen, ohne zu wissen, was uns erwarten wird. Wenn wir unsere Mitte haben, werden wir uns in der dunklen Leere nicht verlieren.

Weite dein Vertrauen aus, von der Mitte her in deine Wahrnehmung. Du wirst geführt. Achte auf die Zeichen, die dir gegeben werden. Sie können klein und subtil sein – das heißt nicht, dass sich durch sie nicht eine große Wirkung entfalten könnte. Achte auf die unsichtbaren Hände, die dich bei der Hand nehmen und die mit dir durch den Sturm gehen.

24

Lass los,
mehr und mehr,
bis du beim Zulassen ankommst.
Und der Sinn wird sich
offenbaren.

Die Kraft des Zulassens ist unbegrenzt. Als begrenzte menschliche Wesen können wir mit unserem Handeln immer nur begrenzte Resultate erzielen. So sehr wir uns abmühen, es liegt in unserer begrenzten Natur, Begrenzung hervorzubringen.

Diese Karte ermutigt dich, immer mehr von dir, deinen Bemühungen, Widerständen, Vorstellungen und Ansichten, wie die Dinge sein sollten oder sein könnten, loszulassen.

Lass das Zulassen durch dich fließen als eine unbegrenzte kreative Kraft. Indem du dein Handeln mehr und mehr zurücknimmst, gibst du der unbegrenzten Kraft des Zulassens Raum und Freiheit.

25

*Wenn du versuchst, dich zu beeilen,
verlangsamst du das
natürliche Wachstum.
Geh langsam,
Schritt für Schritt.*

Diese Karte fordert uns auf, unserem natürlichen Wachstum zu vertrauen. Geduld ist eine wertvolle Eigenschaft, auf die wir hier hingewiesen werden. Grundlage für Geduld ist – wieder einmal – das Vertrauen. Wenn wir vertrauen, dass sich unser Wachstum nach seiner eigenen Weisheit entwickelt, können wir das Bedürfnis loslassen, alles unter Kontrolle und nach unserem Zeitplan haben zu wollen.

Wir können den Fluss nicht stoßen. Es fallen nicht schneller reife Äpfel vom Baum, nur weil wir das gerne so hätten. Wir besitzen eine innere Weisheit, die unsere Entwicklung steuert. Wir können keinen Entwicklungsschritt überspringen, wir können nicht wirklich abschätzen, wie die Entwicklung verläuft. Denn die Entwicklung des Geistes und der Psyche verläuft nicht immer linear. Es kann uns vorkommen, als stünden wir still, dabei befinden wir uns nur in der Vorbereitungsphase für einen großen Sprung.

Vertraue darauf, dass alles genau an dem Platz ist, an dem es sein soll.

26

Fokussiere auf die Details und behalte dabei die Ganzheit im Bewusstsein.

Auf dem Operationstisch werden die Aufgaben aufgeteilt: Während sich der Chirurg mit einer spezifischen Stelle des Patienten befasst, hat er viele menschliche und maschinelle Helfer, die den Gesamtzustand des Patienten genau überwachen.

Wir haben jedoch oft nicht eine Schar von Helfern bei uns, die uns Aufgaben abnehmen, damit wir auf das Detail fokussieren können. Dabei ist es auch in unserem Alltag oder in der Lösung eines Problems wichtig, sich dem Detail ganz zu widmen. Die Gefahr liegt jedoch darin, sich im Detail zu verlieren, die Zusammenhänge zu vergessen.

Wenn wir nicht mehr weiterkommen, wenn wir keinen Ausweg mehr sehen, ist das ein Zeichen dafür, dass wir uns im Detail verloren haben. Weite deine Wahrnehmung. Verliere das Detail nicht aus den Augen, aber weite deinen Wahrnehmungshorizont. Statt dich nur mit einer kleinen Bachstelle zu befassen, steige auf einen Berg, sieh wie der Bach zum Fluss wird, der Fluss zum Strom, und wie der Strom ins Meer mündet. In der Ganzheit liegt die Lösung für das Detail.

27

Schönheit und Größe, die von innen kommen – lässt du sie zu?

Wie stark kannst du deine innere Größe und Schönheit erleben? Weißt du, das du, ja **du,** ein Wesen bist, das eine unglaublich strahlende, innere Kraft besitzt? Kannst du dies spüren, empfinden, bejahen und der Welt zeigen? Hast du den Zugang zu dieser Kraft, dieser Schönheit?

Oftmals ist dieser Zugang vergessen, verschüttet. Finde ihn. Finde ihn, indem du an ihn glaubst, und an das, was sich dahinter verbirgt.

Manchmal fehlt uns einfach das Wissen, dass noch etwas viel größeres in uns schlummert. Und manchmal wurde es uns als Kind so sehr ausgeredet, dass wir nicht mehr daran glauben. Jetzt ist es an der Zeit, dieses Wissen zu erneuern und den Glauben daran zurückzugewinnen.

Wenn du Zugang findest zu deiner Größe, wirst du dich vielleicht nicht getrauen, sie nach aussen zu zeigen. Das ist nicht weiter schlimm. Wenn du den Zugang zu deinem inneren Licht nur ein bisschen öffnest, wird es hinausstrahlen. Es wird immer stärker strahlen und die Schutzhülle versengen, bis deine Umwelt gar nicht mehr darum herum kommt, es zu bemerken. Glaube unerschütterlich an deine Größe, an deine Kraft. Mehr musst du nicht tun.

28

Beschränke dich auf das Wesentliche.

Jetzt ist es an der Zeit, dass du dich besinnst. Was ist dein Wesen, was das Wesen der Umstände? Und was ist von aussen aufgesetzt, hinzugefügt? Was ist Verirrung, Verwirrung, Maske, Lüge? Trenne den Lärm von der Stille, und erkenne dich in der Stille.

Es kann einigen Aufwand kosten, durch alle Schichten zur Essenz herabzusickern. Doch der Aufwand lohnt sich, und die Karte sagt dir, dass der Zeitpunkt jetzt günstig ist. Es ist die Zeit der kommenden Klarheit. In deinem Tun, in deinem Sein, in deiner Wahrnehmung – erkenne das Wesentliche und beschränke dich darauf.

29

Du versuchst zusammenzufügen,
was du selbst auseinander reißt.
Es gibt gar nichts zu tun.

Der natürliche Zustand der Natur ist dynamische Harmonie. In den größten Stürmen, den Hitzeperioden und Hochwassern spiegelt sich eine allumfassende Harmonie, die sich selber im Gleichgewicht hält.

Auch wir Menschen sind Natur. Die Stürme und Temperaturschwankungen finden auch in uns statt – in unserem Körper, in der Psyche, im Geist. Doch so wie wir in der äußeren Natur das Gleichgewicht immer mehr zerstören, tun wir das auch innen. Wir müssen nicht Gegenmaßnahmen gegen die inneren und äußeren Katastrophen entwickeln. Wir müssen der Natur lediglich den Raum geben, zu ihrem dynamischen Gleichgewicht zurückkehren zu können.

Nimm die Kräfte an, die in dir sind – die schönen, hellen, aber auch die dunklen, stürmischen. Denn sie alle sind Ausdruck von dynamischem Gleichgewicht.

Im Annehmen der Ganzheit findest du Erfüllung. Solange du Dunkelheit abspalten willst, bist du in Schwierigkeiten.

30

Tritt ein in den heiligen Raum der Offenheit. Sinke in die Essenz. Gönne dir die Stille.

Diese Karte gibt dir den Impuls, dir Raum und Zeit zu schenken. Der Adler kann nur so hoch fliegen, weil er sich von den Luftströmungen nach oben tragen lässt. Wir dagegen haben meist keine Zeit oder keinen inneren Raum, der es uns erlaubt, so hoch zu fliegen, um die Dinge aus einer umfassenden Perspektive und mit der nötigen Distanz zu betrachten.

Genau das ist jetzt angesagt. Weite deinen Wahrnehmungshorizont sowohl in die Breite als auch in die Tiefe. Sinke durch den inneren und äusseren Alltagslärm in die heilige Stille. Verweile dort so lange du willst. Das ist ein Geschenk, das nur du selbst dir machen kannst.

31

Stille ist in allem,
überall und jederzeit.
Stimme dich auf sie ein.
In allem, überall und jederzeit.

Stille leuchtet. Stille ist Gewissheit, dass alles ist, wie es ist. Stille ist ein Zustand der inneren Gewissheit. Wir finden Sinn, Tiefe und Wegweisung in allem und allen. Es gibt nichts, das uns nicht führt. Alles kann uns an unser Wesen erinnern, kann den Sinn offenbaren, den wir so mühsam suchen. Jede Blume, jede Wolke, jeder Flügelschlag eines Vogels.

Diese Karte weist uns darauf hin, dass es möglich ist, immer und überall diesen Zustand zu erreichen und aus ihm heraus zu wirken. Auch im größten Alltagsstress und unter Druck können wir diesen Zustand in unserem Zentrum haben und uns aus ihm heraus bewegen. Darin besteht genau die Kunst – die Stille im Chaos zu finden, die Entspannung unter Druck, das Unbewegte im Bewegten. Lass dich darauf ein.

32

*Versuche, dich an einer Wolke festzuhalten.
Aber nicht zu lange.*

Humor ist eine treibende, kreative, heilende Kraft. Öffne dich der Möglichkeit, die Dinge von einer spielerischen Seite her zu betrachten. Verliere dabei aber nicht den Boden unter den Füßen.

Viele Situationen tragen in sich einen komischen Kern. Diesen Kern zu erkennen und sich darüber herzhaft zu freuen, kann erleuchtend sein. Es heißt jedoch nicht, sich über Dinge, Situationen oder Menschen lustig zu machen. Entweder du erkennst den komischen Kern und freust dich daran, oder du erkennst ihn nicht. Aber konstruiere keinen.

Auch freie Träumerei ist ein Aspekt dieser Karte. Manchmal müssen wir unsere Gedanken und Vorstellungen frei fliegen lassen wie einen Adler. Lass die verrückten Aspekte des Lebens zu, die verrückten Ideen. Auch sie enthalten deine Vision, dein kreatives Potenzial.

Erst der Weise, der seine Weisheit in Lachen und Spiel ausdrückt, ist wirklich frei.

33

Erinnere dich an dich selbst und erkenne, was du nicht bist.

Selbsterkenntnis und Entfaltung des eigenen Potenzials offenbaren eine Seite, die uns nicht unbedingt geläufig ist: Wir sind als perfekte Wesen in diese Welt gekommen, und wir werden sie als perfekte Wesen verlassen. Es gibt gar nichts zu tun. Es gibt nichts zu entwickeln, nichts hinzuzufügen, nichts zu erkennen und zu entfalten.

Wenn du dich daran erinnerst, wer du wirklich bist, hast du alles getan, was getan werden muss. Wenn du all den psychischen und geistigen Ballast fallen lässt, den du dir im Laufe deines Lebens angelernt hast, offenbart sich deine perfekte Natur.

Darum rät dir diese Karte zu erkennen, was du *nicht* bist. Auf eine Situation bezogen rät sie dir zu erkennen, was die Situation nicht ist. Denn auch das wahre Wesen von Umständen geht in den Wirrungen des Egos schnell verloren und wird so unnötig kompliziert.

34

Wir alle sind Gott auf dem Weg heim. Genieße die Reise.

Öffne dich der Möglichkeit, dass du Gottes Instrument bist, durch das er Erfahrungen sammelt. Du musst keine Erbsünde abarbeiten, du musst nicht erleuchtet werden, du musst nirgends hin. Es reicht, dass du Erfahrungen sammelst. Das ist das Geschenk, das du Gott mitbringst. Es gibt also nicht nur nichts zu tun, es geht darum, dass du ganz einfach erlebst, was ist. Weite dein Erleben für das, was um dich herum passiert. Weite dein Erleben für das, was in dir innen passiert. Registriere es, wie ein Messgerät Schwingungen deines Gehirns messen würde. Weite dein Erfahrungsfeld. Vertiefe deine Erfahrungen. Koste die Intensität deiner Erfahrungen aus.

Dies alles geschieht mit einem wertungsfreien Geist. Dein Erleben arbeitet auf höchster Stufe, die wertende und interpretierende Instanz ist jedoch nichts weiter als Teil dieses Erlebens, nicht ein von ihm getrennter Vorgang, der irgendwie Kontrolle über dein Erleben ausüben könnte.

35

Rieche den Duft des Morgens.
Fühl die Kühle der Nacht.
Lerne vom Regen, wenn er
in den Blättern singt.

Die Natur beschenkt dich. Der Wind, der dir durch die Haare fährt, hat dir etwas zu sagen. Die aufgehende Sonne auf den schneebedeckten Gipfeln hat eine ganz persönliche Botschaft an dich. Das Rauschen des Meeres erzählt dir deine ureigene Geschichte. Sie tun es nicht in Worten, und du verstehst sie, ohne die Botschaft in Worte fassen zu müssen.

Wenn du dich diesem Erfahrungsfeld öffnest, so wie es dir die Karte nahelegt, intensivierst du deine Empfindungsfähigkeit für das, was *ist*. Du lernst deine Wahrnehmung, dein Körperempfinden und die damit verbundenen Empfindungen deines Geistes kennen. Du lernst die Sprache jenseits der Worte.

Manchmal kann eine Besinnung auf diese Ebene, zum Beispiel ein Spaziergang in der Natur, mehr Klärung bringen als tausend helfende Worte.

Leben zeigt sich im *Er*leben.

36

Verwandle deine Angst und deine Widerstände in Schönheit. Das ist das größte Geschenk.

Alles, ausnahmslos alles ist ein Geschenk. Wir müssen uns nur daran gewöhnen, innen dasselbe zu machen wie aussen – wenn wir ein Geschenk bekommen, packen wir es aus. Erst dann können wir uns an dem Geschenk vollkommen erfreuen und es zu unserem Wohl einsetzen.

Die Verpackung innerer Geschenke ist oft Krankheit, Widerstand oder Angst. Unsere instinktive Reaktion ist, diese Zustände abzulehnen oder zu bekämpfen. Denn wir erkennen sie nicht als Geschenke. Der erste Schritt ist also, uns über diese instinktive Reaktion hinwegzusetzen. Mit unserem Blick für Zusammenhänge erkennen wir diese Zustände als Geschenke, die ausgepackt werden wollen. Damit gelangen wir zum Annehmen. Im Annehmen liegt der Sinn verborgen.

Du erkennst Angst, Widerstand, Krankheit als Verpackung. Du erhältst das Geschenk, indem du nicht an der Oberfläche bleibst, sondern beginnst, das innere des Geschenks zu erfühlen, zu ertasten. Die Verpackung wird sich lösen.

37

Dein Potenzial ist da. Du musst dich nur entscheiden, wie du es einsetzen willst.

Eine Blume richtet sich nach der Sonne. Sogar wenn man eine Blumenzwiebel falsch in den Boden setzt, wird sie nicht nach unten in die Dunkelheit wachsen, sondern nach oben zum Licht.

Dein Potenzial ist wie eine solche Zwiebel. Deine Verantwortung ist, ihm ein Licht zu entzünden, damit es sich orientieren kann. Es muss eine Richtung haben. Dann wird es sich von alleine entfalten.

Du entscheidest dich, wie du es einsetzen willst, indem du in dich gehst und ein kleines Fünkchen Licht findest. Du hast eine leise Ahnung, wohin dein Weg oder eine Situation führt. Vielleicht ist diese Ahnung so leise, dass du sie nicht in Worte fassen kannst, dass du kein konkretes Bild erhältst. Und doch ist diese Ahnung eine *Empfindung*, und das ist dein kleines Licht. Bring dieses Licht und dein Potenzial zusammen, und dein Potenzial wird wissen, wie es sich entfalten muss.

38

Dein Potenzial offenbart sich, wenn du aufhörst zu suchen, zu versuchen, zu tun, zu wollen und einfach geschehen lässt.

Ein großes Hindernis für unsere freie Entfaltung liegt darin, dass wir eine Meinung haben, wie wir uns zu entfalten haben. Oder wir meinen, wir wüssten, wie sich eine Situation zu entwickeln habe. Leider kommt dieses Wissen oder unsere Meinung aus verinnerlichten Stimmen, die wir von aussen übernommen haben. Es sind nicht wirklich unsere inneren Stimmen. Damit stehen wir uns selber im Weg. Wir beginnen, uns zu bemühen, damit die Dinge ihren Lauf nehmen, wie wir uns vorstellen, dass sie ihren Lauf nehmen sollten. Damit beginnen wir zu versuchen, zu wollen, zu erzwingen, zu manipulieren und zu kontrollieren – was auf Dauer nicht gelingen wird, denn das Universum richtet sich nicht nach den Wünschen unseres beschränkten Egos.

Lass los. Es wird nicht gelingen. Lass deinem Leben seinen Lauf. Unterstütze es dabei, indem du ihm und dir nicht im Weg stehst.

39

*Lerne vom Wind in den Sternen,
vom Lied der Erde,
von den Geschichten der Bäume.*

Alles ist Poesie. Poesie ohne Worte. Diese Karte lädt dich ein, dein Wahrnehmungsfeld ganz gezielt zu weiten. Dehne deine Wahrnehmung aus. Sieh die Schönheit in allen Dingen. Und lerne von ihnen. Die Poesie zu erkennen heißt nicht, etwas hinein zu interpretieren, sondern den Zauber darin zu erkennen. So wie ein Bildhauer sieht, was aus dem unbehauenen Steinblock befreit werden will, und nicht dem Stein seinen Willen aufzwingt.

Lerne, indem du dich ausdehnst. Dehne dich aus, indem du lernst. Vielleicht lernst du etwas über dich selbst (denn du und die anderen Dinge sind nicht getrennt), doch diese Karte zeigt mehr darauf, vom Wind über das Wesen des Windes zu lernen, vom Rauschen des Regens über das Wesen des Regenrauschens, vom Sonnenstrahl über das Wesen von Licht und Wärme. Lerne von deinem Körper über das Wesen deines Körpers, von deinen Gedanken über das Wesen deiner Gedanken. Deine Gedanken, deine Emotionen, deine Bewegungen sind Poesie.

40

Du bist unterwegs. Brauchst du all das schwere Gepäck?

Wir tragen zu viel mit uns herum. Gib dem Universum zurück, was du nicht tragen musst. Gib ihm zurück, wofür du nicht verantwortlich bist. Diese Karte fordert dich auf, genau zu prüfen, wessen Gepäck du trägst. Das Gepäck anderer Leute, die es auf dich abladen oder denen du gutmütig ihre Last abnimmst. Das Gepäck derer, die dir einreden, was du alles zu tragen hättest, welche Erbsünden du mit dir herumschleppst. Das Gepäck der Medien, die dich mit der Hilflosigkeit des Einzelnen konfrontieren.

Untersuche deinen Rucksack genau und lass alles los, was nicht wirklich deines ist. Das Universum wird es freudig aufnehmen – denn solange fremde Last, Energie, in deinem Rucksack gefangen ist, kann sie sich nicht verändern, kann sie nicht fließen. Das Universum wird dafür sorgen, dass diese Energie wieder fließt und somit ihr Potenzial freigesetzt wird.

Dies ist eine sehr kraftvolle Karte. Wenn du sie wirklich ernst nimmst und dich von der fremden Last befreist, wirst du Wunder erleben.

41

Suche Wachstum, statt Antworten.

Die Fragen, auf die es eine Antwort gibt, sind nicht die wahren Fragen. Und die Antworten sind nicht die wahren Antworten. Manchmal sind wir so sehr versteift darauf, eine Antwort zu bekommen, dass wir die Veränderungen um uns herum gar nicht bemerken. Doch oftmals ist das Leben selbst die Antwort. Die wichtigen, wahren Fragen werden mit Veränderung beantwortet, nicht mit Worten. Denn die Fragen zielen auf Veränderung. Manche Veränderungen kommen schnell und heftig, andere Veränderungen kommen so subtil und allmählich, dass sie erst bemerkt werden, wenn der Veränderungsprozess abgeschlossen ist.

Also weite deine Wahrnehmung, achte auf Veränderungen, auf Wachstum. Denn darin zeigt sich die wahre Weisheit des Lebens.

42

Finde den Raum, in dem nichts vergeht und nichts entsteht. Verweile darin.

Das Universum ist ungemein vielschichtig. Auf der einen Ebene ist es allzeit im Wandel. Alles verändert sich unaufhörlich. Auf einer anderen Ebene jedoch verändert sich nichts. Alles ist immer vorhanden.

Es ist wie der Mond – er nimmt zwar in unseren Augen zu und ab, aber wir wissen, dass immer der ganze Mond vorhanden ist.

Wenn die Sonne morgens aufgeht, wird das Universum nicht heller. Wenn sie abends untergeht, wird das Universum nicht dunkler.

So wie der Mond immer ist, so wie das Universum immer ist, so ist auch der Raum immer, in dem alles und nichts ist. Er ist jetzt in dir und um dich herum. Du musst ihn nicht suchen, denn er ist da.

Dieser Raum ist Kraftquelle. Er ist die sichere Insel im wogenden Sturm. Er ist nicht getrennt vom Alltag. Er ist nicht getrennt von deinen Mitmenschen. Sie alle sind dieser Raum. Er ist also keine Zuflucht, er ist unerschöpfliche, allgegenwärtige Quelle.

43

Deine Vision
und dein Potenzial
sind in dir.
Finde sie, indem du wirklich lebst.

Wir lassen uns gerne dazu verleiten, von Erkenntnissen, von Potenzial und Vision zu reden, statt sie zu leben. Die Gefahr dabei ist nur, dass sie zerredet werden und alle Energie aus ihnen weicht. Was uns von der ursprünglichen Kraft bleibt, ist nicht mehr als ein Museumsstück hinter einer Glasvitrine, ein Erinnerungsstück.

Wenn wir unsere Kraft leben, statt zu reden, ist sie authentisch. Sie ist und bleibt lebendig und kann ihre Wirkung entfalten und wachsen. Sie wird auf viel weniger Widerstand im Außen stoßen, als wenn wir nur reden.

Auch wenn deine Vision nicht klar vor dir steht wie ein Engelschor mit schallenden Trompeten, lebe deine Vision, statt darüber zu grübeln. Beginne *jetzt*, die innere Kraft zu leben, und sie wird wachsen und klarer werden.

44

Hilfe kommt in verschiedenen Formen. Sei offen, damit du sie erkennst.

Achte darauf, wie oft in deinem Leben etwas gelingt, *nicht* schiefgeht. Das ist eine Methode, um zu erkennen, wie du geführt wirst. Das Leben, unsere Beziehungen, unsere Gesundheit, das alles sind sehr zerbrechliche Angelegenheiten. Und doch schaffen wir es immer und immer wieder, nicht nur irgendwie unbeschadet zu überleben, sondern wir wachsen daran, schaffen Harmonie und Beständigkeit.

Führung, Hilfe, Unterstützung kommt in unendlich vielen Formen. Nur wenn wir uns auf eine Vorstellung von Hilfe einengen, werden wir sie nicht erkennen können, wenn sie in einer anderen Form an unsere Türe klopft. Der nächste Mensch, dem du begegnest, kann ein Engel mit einem klaren Auftrag sein. Wir werden geführt, und durch uns fließt Führung in unser Umfeld.

Diese Karte ist Führung, ist Hilfe, und sie macht dich darauf aufmerksam, dass Hilfe sehr nah ist. Achte auf scheinbare Zufälle, auf kleinste, scheinbar unmögliche Zeichen – den Text eines Liedes im Radio, eine Aussage von einem Fremden im Zug, das Empfinden des kreisenden Falken am Himmel... Wenn du sie zulässt, wirst du mit Hilfe umhüllt.

45

Suche die vier Kräfte mit deinem Herzen: Fülle, Offenheit, Mut, Klarheit.

Das Herz besitzt die Kraft, Himmel und Erde zu verbinden. Diese Verbindung setzt eine Kreativität frei, welche die schönste aller Künste gestaltet: das Leben selbst. Diese gestaltende Kraft heißt Liebe.

Das heilende, kreative, wahrhaft liebende Herz besitzt vier Eigenschaften. Es ist voll, so wie der frühe Morgen genau in dem Augenblick voller Potenzial ist, wenn der erste Sonnenstrahl über den Bergkamm schießt. Es ist offen wie das Herz eines Kindes, das voller Vertrauen und Unschuld die Welt erkundet. Es ist mutig, wobei mutig nicht tollkühn bedeutet. Der Mut des Herzens heißt, den Weg der Wahrheit zu gehen, selbst wenn uns Angst daran hindern will. Die Klarheit des Herzens ist wie die tiefe Stille eines Bergsees, in dem sich der weite Sternenhimmel spiegelt. Das Herz ist so klar, dass sich die Welt darin spiegelt, und es leuchtet so sehr, dass die Welt dieses Leuchten zurückspiegelt.

Sei du selbst die Veränderung, die du von deinem Leben, deinem Umfeld, deinen Mitmenschen erwartest. Erschaffe diese Veränderung mit den vier Kräften, die durch dein Herz fließen.

46

Du bist die Wahrheit. Das Leben ist die Wahrheit.

Wir suchen nach Wahrheit. Wir suchen sie in Büchern. Doch Bücher sind für Suchende geschrieben, nicht für Findende. Findende finden Wahrheit in sich und in ihrem Leben.

Suche nichts anderes. Suche nicht eine Wahrheit, die von dir getrennt ist. Denn sei auch die Wahrheit noch so alt, die du in Büchern und den Worten anderer findest, sie ist die Wahrheit eines Anderen.

Diese Karte sagt dir, dass du nichts anders brauchst, als deine Wahrheit zu sein. Du musst nicht einmal deine Wahrheit in dir suchen und auch nicht in einen Glaubenssatz destillieren. Lebe deine Wahrheit einfach. Erlaube ihr, sich durch dich zu entfalten, und sie wird es tun.

»Ich bin die Wahrheit, der Weg und das Leben«, sagte Jesus. Er sagte dies nicht, um sein Ich zu betonen, sondern um zu verdeutlichen, dass wir alle dies sind: Wahrheit. Und Wahrheit ist Weg, Wahrheit ist Leben.

47

Schau nicht zu weit.
Die Wahrheit liegt
direkt vor deinen Augen.

Die Wahrheit ist oft so einfach und nah, dass wir sie nicht sehen können. Wir betrachten vielleicht nur die eine Seite der Münze, ohne auf die Idee zu kommen, dass sie noch eine ganz andere Seite haben könnte.

Alles was du tun musst, ist die Münze umzudrehen. Du hast die Wahrheit schon in deiner Hand. Die Lösung ist da, betrachte sie! Es hat keinen Sinn, sie irgendwo zu suchen. Die Lösung ist die andere Seite des Problems. Die Wahrheit ist die andere Seite des Zweifels.

Manchmal ist die Wahrheit so nah, dass wir einen Spiegel brauchen, um sie zu sehen. Achtsame Mitmenschen, die sorgsam ehrlich zu dir sind, sind solche Spiegel. Hüte dich also, diese Spiegel zu zerschlagen, wenn sie dir etwas spiegeln, das du nicht sehen möchtest – denn Wahrheit muss natürlich nicht immer angenehm sein. Manchmal liegt eine erdrückende Wahrheit in einfachen Worten, die an unser Ohr dringen. Es braucht Stärke, sie anzunehmen, statt sie zu zerstören. Gehe sorgsam mit deinen Mitmenschen um, denn sie zeigen dir deine engsten Wahrheiten, deine Fehler, dein Wachstumspotenzial.

48

Dein Potenzial entfaltet sich, wenn du dein Leben fließen lässt.

Das Leben fließen lassen – wir alle wissen, dass es nicht immer fließt. Diese Karte möchte dich jedoch auf etwas ganz anderes aufmerksam machen: dass auch der Widerstand, der scheinbare Stillstand, die Verirrung und Orientierungslosigkeit zum Fluss des Lebens gehört.

Wenn du nicht weiterkommst, lass den Stillstand fließen, statt ihn zu deinem Mittelpunkt und zum Problem zu machen. Wenn du Widerstand spürst, ist das genau das, was dein Potenzial im Moment zu seiner Entfaltung braucht. Lass den Widerstand vorbehaltlos zu. Hast du dich verirrt, dann wisse, dass dies der schnellste Weg zu deinem Ziel ist.

Das Leben fließen lassen heißt auch, Liebe zuzulassen. Kannst du ein offenes Gefäß sein für die Liebe, die durch dich hindurchströmen will? Oder blockst du sie ab? Schämst du dich für diese Unmenge von Liebe, die durch dich hindurchströmen will? Bist du dir bewusst, dass es deine Aufgabe ist – die Liebe fließen zu lassen? Lebe dein Leben mit deinem ganzen Wesen, das Herz als steuernde Kraft, lebe es leidenschaftlich, und dein Potenzial wird erblühen.

49

Gestalte jeden Tag neu.
Bade in der Morgensonne.
Kleide dich in den Wind.
Tanze mit dem Lied der Sterne.

Male den Tag wie ein Bild. Komponiere ihn wie eine wunderbare Sinfonie. Die Farben und Klänge sind das, was dir das Leben schenkt – deine Mitmenschen, die Geschenke der Natur. Werde zum Poeten des Lebens. Betrachte deine Mitmenschen, deine Probleme als perfekten Ausdruck der Liebe. Werde zur Natur selbst, trenne dich nicht mehr von ihr, denn du bist Natur. Nutze ihre Kräfte, denn dazu stellt sie dir ihre Kräfte im Überfluss zur Verfügung.

Wir können ein ganzes Leben damit verbringen, Probleme zu wälzen und uns immer mehr zu verstricken. Doch die Vergangenheit, und somit das Futter für solche Verstrickungen, wird immer größer, während die Zukunft immer kleiner wird. Diese Karte sagt dir, dass es jetzt an der Zeit ist, eine Entscheidung zu treffen: Willst du weiterhin rückwärts gerichtet leben, oder willst du dich auf die Zukunft ausrichten?

Entscheide dich dafür, dir, deinen Mitmenschen und der Welt deine Zukunft zum Geschenk zu machen. Nutze die Kraft des Jetzt!

50

Dehne dich aus:
dich,
deine Kraft,
deine Vision,
dein Potenzial.

Du bist so groß, wie du es zulässt. Durch Vorbilder, durch Lehrer, Eltern und andere Leute hast du dir einreden lassen, du seist klein. Doch das ist nicht so. Nur weil sich viele Menschen einreden, sie seien ein Bonsai, heißt das nicht, dass wir nicht alle in Wahrheit Mammutbäume sind.

Wenn du in der Enge gefangen bist, dehne dich aus. Sprenge die enge Schale, die du um dich herum aufgebaut hast. Lass dich selbst frei wie einen Vogel aus dem Käfig. Das braucht etwas Mut – denn du weißt nicht genau, was außerhalb des Käfigs auf dich wartet. Aber du musst ja nichts überstürzen. Lass dich ganz natürlich ausdehnen. Strapaziere nichts. Sich auszudehnen heißt nicht, zu rebellieren, sondern unbeirrt das eigene Energiepotenzial sich entfalten zu lassen. Hab keine Angst, es kann dir nichts passieren.

51

Öffne dich
dem Himmel, der Erde, den Menschen.
Und bleibe dabei ganz
bei dir.

Um uns zu schützen, mussten wir uns als Kinder ein Stück weit verschließen. Die Welt war einfach zu groß und zu unberechenbar. Doch jetzt sagt dir diese Karte, dass dieser Schutz nach einer genauen Kontrolle verlangt. Sie sagt dir nicht, deinen Schutz völlig abzubauen. Finde dein Zentrum, dein inneres Gleichgewicht. Und dann prüfe genau, welche deiner Abwehrmechanismen du wirklich noch brauchst. Diejenigen, die du noch brauchst, untersuchst du darauf, wann ihr Einsatz angemessen ist. Und dann gebrauchst du sie als Werkzeuge, über die du die Kontrolle hast, und nicht umgekehrt.

Weite deinen Wahrnehmungshorizont in alle Ebenen – die des Geistes, des Herzens und der Materie. Nur wenn du offen bist, kann Veränderung eintreten. Nur durch eine Öffnung kann Nahrung hereintreten, die die Entfaltung deiner Vision nährt wie Sonne, Erde und Regen einen kleinen Sprössling.

52

Äußere Kraft entsteht durch das Gleichgewicht der inneren Kräfte. Achte auf das innere Gleichgewicht.

Innen und Außen bedingen einander. Du kannst nur dann Ordnung in äußere Umstände bringen, wenn du in dir drinnen aufräumst. Oft meinen wir, im Außen Ordnung zu schaffen, sei die einfachere Lösung – doch auf die Dauer zeigt sich, dass dies nicht klappt, vor allem, wenn Mitmenschen einbezogen sind. Vielleicht schaffst du eine kurzzeitige Beruhigung im Außen. Doch bleibende Veränderung kommt von innen. Das heißt nicht, dass alles in dir in völliger Ordnung sein muss. Doch je mehr Klarheit du in dir innen hast, desto mehr Klarheit strahlst du aus, und desto mehr Klarheit wird dann durch Resonanz in deine Umwelt gebracht. Du musst nichts tun, um Klarheit im Außen zu bewirken. *Sei* klar.

Diese Karte ermutigt dich also, nach innen zu gehen und erst einmal die Zimmer in deinem Inneren in Ordnung zu bringen.

53

*Werde erfüllt,
indem du dich zurücknimmst.
Verwirkliche,
indem du zulässt.*

Wahre Erfüllung kommt von innen, wenn der ureigenen Lebensenergie ermöglicht wird, frei zu fließen. Paradoxerweise hindern wir unsere Lebensenergie gerade dadurch, frei zu fließen, dass wir mit Ehrgeiz an der Verwirklichung unseres Selbst oder eines Projektes arbeiten.

Der Weg zur Vollkommenheit vollzieht sich in der Zurücknahme. Fülle das Universum, indem du dich verkleinerst. Lass deine Ambitionen, Bemühungen, Kontrollen und Anstrengungen los, ohne dein Potenzial und deine Vision mit über Bord zu kippen. Dadurch entsteht ein freier Raum in dir, der gefüllt wird mit reiner Lebensenergie.

Verwirkliche, indem du dir nicht im Weg stehst, sondern dem Willen des Universums folgst. Du bist das Vehikel für universales Potenzial, du bist nicht der Steuermann. Vertraue darauf. Du brauchst keine Angst zu haben, dich selbst zu verlieren. Im Gegenteil – du wirst dich gewinnen. Und nicht nur du: Du wirst zum Geschenk für die Welt. Wovor willst du also Angst haben?

54

Der Duft des Morgens über einem stillen See – wie könnte er getrennt sein von dir?

Unentwegt werden wir beschenkt und nehmen es nicht wahr. Wir identifizieren uns mit ›unseren‹ Gedanken, Emotionen, Problemen. Doch woher kommen die Gedanken? Die Emotionen? Wenn du dich konsequent durch jede Antwort auf die Frage »Wer denkt?« durchfragst, wirst du merken, dass es keinen Denker gibt. Gedanken entstehen, Gedanken vergehen. Emotionen entstehen, Emotionen vergehen. Unsere Definition von uns ist willkürlich, nichts mehr als eine allgemeine Abmachung.

Wir *nehmen* wahr. Wir *sind* wahr. Wahrnehmung und Wahrgenommenes sind nicht getrennt. Wie trennt man das Empfinden von Hitze von der Hitze? Wie trennt man Liebe empfinden und Liebe? Man kann es nicht. Unsere Sinne sind ein Geschenk. Sie sind das Geschenk der Nicht-Zweiheit. Das Universum ist ein Verb, kein Nomen. Es ist Handlung, nicht ein Ding.

Diese Karte sagt uns daher auch, dass wir nicht von unseren Lebensaufgaben, von den Herausforderungen und Problemen getrennt sind – und sie deshalb freudig annehmen können. Denn es kann dir nichts passieren, solange du nicht künstlich eine Trennung schaffst.

55

Die Dinge gelingen, wenn du darin dein Potenzial erkennst.

Solange du die Dinge als von dir getrennt betrachtest, kannst du ihr ureigenes Wesen, ihre Essenz nicht erkennen. Denn es ist *deine* Essenz, die sich im (scheinbar) Anderen offenbart. Sei dies eine Aufgabe, ein Problem, ein Partner, ein Sport, eine Kunst, es spielt keine Rolle. Wahre Meisterschaft entsteht immer dann, wenn diese Trennung wegfällt – oder genauer gesagt, die Illusion einer Trennung.

Diese Karte zeigt dir, dass es keine Trennung gibt. Wenn du dies nicht erkennen kannst, halte dir zumindest die Möglichkeit offen – und die Illusion wird eines Tages abfallen, wenn ihr keine geistige Energie mehr zugeführt wird. Du wirst nicht merken, dass sie abfällt. Denn was da wegfällt, ist ja nicht wirklich. Merken wirst du, wie viel mehr Energie du zur Verfügung hast – denn du kannst nun die Energie, die du brauchtest, um die Illusion einer Trennung aufrecht zu erhalten, zur Entfaltung deines Potenzials einsetzen. Öffne dich der Möglichkeit, dich im Anderen zu entdecken.

56

Wahre Freiheit
entsteht
in tiefem Kontakt.

Eigenständig zu sein, ist wichtig. Eigenständig sein heißt, in tiefen Kontakt zu Mitmenschen und Ereignissen treten zu können. Das kann ich, wenn ich fest in mir selbst verwurzelt bin, wenn ich es nicht mehr nötig habe, mir etwas vorzumachen oder irgend jemandem sonst.

Alles, was ich bin, trifft alles, was du bist – das ist tiefer Kontakt. Und dann wird ein kreativer Tanz möglich, der Größeres hervorbringt, als wir es isoliert sind.

Wir verwechseln Freiheit oft mit völliger Unabhängigkeit. Doch die gibt es nicht. Wer ist allein von Sonne und Wasser unabhängig? So kommen wir dann zu dem Trugschluss, es gäbe keine Freiheit.

Freiheit ist nicht Einzelgängertum. Freiheit entsteht, wenn ich keinen Widerstand aufbaue, sondern mich als Teil des universalen Plans erkenne.

Diese Karte ermuntert dich: Beziehe ein, nimm an, was kommt, und beginne zu tanzen.

57

Du wirst von einem unsichtbaren Faden gezogen. Spürst du das

Dein Leben hat eine klare Richtung. Deine jetzige Situation ebenso. Wenn du auf dein Leben zurückblickst, erkennst du einen Faden, der sich geradlinig durch alle scheinbaren Wirrungen, Verirrungen und Verwicklungen zieht. Finde diesen Faden. Finde ihn im Rückblick, empfinde ihn in der Gegenwart. Denn der Faden existiert. An ihm wirst du gezogen, wie ein Boot durch die stürmische See.

Diesen Faden zu erkennen und zu empfinden gibt dir die nötige Zuversicht, die du im Moment brauchst. Und es gibt dir die Weitsicht, mit der deine Vision immer wieder aufs Neue genährt werden kann.

58

Finde dein Innen im Außen. Dadurch findest du es im Innen.

Manchmal sind wir so durcheinander, dass ein Aufräumen unmöglich erscheint. Manche Situationen entwickeln eine solche Komplexität, dass sie unentwirrbar erscheinen und jeder Versuch die Sache nur schlimmer macht. Dies ist der Augenblick, in dem es förderlich ist, sich nicht auf das Problem zu konzentrieren, und auch nicht auf die Lösung.

Behalte das Problem in deinem Bewusstsein, verdränge es nicht. Führe ihm jedoch keine Energie zu. Beschäftige dich mit äußeren Dingen. Das heißt nicht mit Äußerlichem, Oberflächlichem und auch nicht, sich im Außen zu verlieren. Richte dein Bewusstsein auf die Außenwelt – auf Vorgänge in der Natur, auf eine Geschichte, ein Buch.

Diese Karte sagt dir, dass sich Dinge lösen, indem man sie ruhen lässt und mit dem Bewusstsein nach außen verlagert. Es ist nicht die Zeit, sich aktiv damit zu beschäftigen. Die Lösung wird kommen, und du wirst sie zuerst im Außen erkennen.

59

Definitionen
lassen das beständige Entfalten
erstarren.
Erlaube die freie Entfaltung.

Wir alle haben ein Urbedürfnis nach Sicherheit. Das Problem entsteht erst, wenn dieses Bedürfnis dazu führt, die Umwelt kontrollieren und manipulieren zu wollen, um die eigene Sicherheit zu gewährleisten. Aus dieser Kontrolle entstehen Dogmen und Glaubenssätze, die es uns unmöglich machen, spontan und flexibel auf die Umstände zu reagieren.

Die Kontrolle wird also zu der eigenen Falle. Wir bewegen uns in einem rigide konstruierten Weltgebäude, das früher oder später einstürzen wird, weil es sich dem Wandel der Welt nicht ewig widersetzen kann. Der Aufprall ist dann um so härter.

Diese Karte legt es uns nahe, unser Weltbild auf solche Gebäude zu untersuchen und diese Gebäude in vollem Vertrauen zu verlassen, um wieder in den Fluss der natürlichen Entwicklung zu treten. Dies ist der Schritt zurück ins Leben.

60

Manchmal ist es nebensächlich, etwas zu verstehen. Erfahre!

Wir sind gewohnt, die Dinge verstehen zu wollen. Manchmal ist das hilfreich, manchmal auch nicht. Manchmal steht uns unser Bedürfnis nach Verständnis auch geradezu im Weg, den Sinn auf einer anderen Ebene zu erfassen. Es gibt Situationen, Umstände, Zustände, die nicht verstanden werden wollen, können oder müssen, um ihre innewohnende Kraft zu entfalten.

Wichtig ist vielmehr, diese Ereignisse differenziert wahrzunehmen. Was ist die direkte Wirkung auf Körper, Seele und Geist? Was ist die unmittelbare Erfahrung, ohne jede Analyse oder Vernetzung?

Diese Karte gibt dir den Impuls, dass es jetzt an der Zeit ist, dein Verlangen nach Verständnis zurückzusetzen und auf deine Wahrnehmung zu achten. Denn was jetzt ist, verlangt nicht nach Analyse, nach Vernetzung und Verstehen. Es möchte nur ganz genau wahrgenommen werden.

61

Sei offen,
und der Sinn zeigt sich.
Im heiligen Raum
wirst du erkennen.

Sinn besteht in sich selbst. Wir müssen nichts hinzutun, nichts wegnehmen. Es bedarf keiner Analyse, um Sinn zu erkennen. Alles was wir tun müssen, ist, den Sinn wirken zu lassen, und er wird sich offenbaren. Wirken lassen heißt, offen sein, dem Ereignis Raum und Zeit geben. Raum und Zeit geben ist Besinnung. Besinnung heißt, die Sinne zu schulen und dadurch zum Sinn zu kommen.

Diese Karte lädt dich ein, den heiligen Raum zu betreten, in dem sich alles so zeigen kann, wie es ist – unverhüllt, ungeschminkt, echt und in sich sinnvoll. Du betrittst den Raum, indem du dir und dem, was du betrachten willst, Stille, Zeit und Raum gibst. Der Sinn wird sich offenbaren wie eine Knospe, die sich im Sonnenlicht zu einer wunderbaren Blüte öffnet.

62

Nanu.
Was macht das Universum in meiner Nase?

Ja, was macht es denn da?

63

*Alles Werden trägt das Vergehen in sich,
alles Vergehen das Werden.
Lass dich von der Schönheit darin berühren.*

Nichts ist Beständig im Universum. Alles, was sich manifestiert, wird die irdische Form wieder verlassen. Alle Form ist vergänglich. Doch alle Form kehrt wieder in neuer Form. Vergänglichkeit mag Angst machen. Sie macht jedoch nur der Form selbst Angst. Wenn du Angst hast vor dem ewigen Kreislauf von Werden und Vergehen, heißt das, dass die Definition, die du dir von dir selbst gemacht hast, Angst hat, eines Tages wieder zu verschwinden. Denn dein kleines Ich weiß, dass es nur eine Konstruktion ist, und dass es eines Tages für immer verschwinden wird. Dagegen wehrt es sich, indem es Angst erzeugt.

Nimm du, großes Ich, das kleine Ich an der Hand und zeige ihm, dass es nicht vergehen wird, sondern sich nur wandelt – wie die Jahreszeiten, die Wolken am Himmel, die kleine Blume am Wegesrand. In der Zuversicht, die hinter dem Werden und Vergehen liegt, ist die Schönheit der Vergänglichkeit – die stille Poesie des Kleinen im Großen.

Lass dich von dieser Zuversicht in deinem Herzen berühren und mit Dankbarkeit erfüllen. Die Grundlage für ein erfülltes Leben, für leidenschaftliche Liebe ist die Gewissheit des eigenen Todes.

64

Das Natürliche ist das Zielgerichtete.
Vertraue darauf, dass es sich
von selbst entfaltet.

Diese Karte fordert auf, dich in Geduld zu üben. Manchmal wollen wir Dinge erreichen, die wir nicht erreichen sollen, weil sie uns in Tat und Wahrheit im Weg stehen und uns an der Verwirklichung unseres Potenzials hindern.

Was du erzwingst, ist nicht im natürlichen Fluss deiner Entfaltung. Lass deine Vorstellungen los, wie es sein sollte oder sein könnte. Denn deine Vorstellungen entsprechen vielleicht nicht dem, was wirklich gut für dich ist. Und das schafft viel Konflikt, den du vermeiden kannst.

Du kannst den Fluss nicht stoßen. Du kannst nicht an den Grashalmen ziehen, damit sie schneller wachsen. Vertraue auf die natürliche Ordnung. Alles braucht die Zeit, die es braucht.

Visionssuche

Ein Seminar besteht aus Vorbereitung, Visionssuche und Nachbereitung. Drei Tage vor der eigentlichen Visionssuche trifft sich die Gruppe zur Vorbereitung. Die ist jedes Mal anders: Vielleicht muß der Gruppengeist gestärkt werden. Vielleicht ist es auch angebracht, die inneren Kraftquellen jedes Einzelnen zu stärken. Oder es ist wichtig, eine klare Intention zu setzen, was die einzelnen Teilnehmer erreichen wollen.

Die Visionssuche selbst dauert vier Tage. Dabei ist man allein in der Natur, fastet. Gleich nach seiner Rückkehr schreibt jeder Teilnehmer einen Brief an sich selbst. In diesem Brief beschreibt er seine Vision, die Erlebnisse der letzten Tage, vor allem die inneren Vorgänge. Martin Schmid bewahrt die Briefe auf und schickt sie genau ein Jahr nach der Visionssuche an die einzelnen Teilnehmer.

In den Tagen der Nachbereitung erzählt jeder Teilnehmer im »Kreis der Würdigung« seine Erlebnisse der vergangenen Tage. Hier bekommen sie ihren Sinn. Körperübungen dienen dazu, die Kraft der vergangenen Tage und der Vision in jede einzelne Zelle unseres Körpers aufzunehmen.

Auch nach dem Seminar steht Martin Schmid helfend zur Verfügung.

Kontakt zu Martin Schmid
www.vision-quest.ch
eMail ms@vision-quest.ch

Taiji
Martin Schmid
die innere Kraft
von Himmel und
Erde
param

SCHAMANISMUS
SCHAMANISMUS
Krafttiere
Tanz
Hexen
Glücksmänner
Quest
Fliegenpilze
Initiation
Jenseitswanderung
Heilschlaf
Medizinrad
Ekstase
Zauberer
Heilung
UND MÄRCHEN
Eine schamanische
Reise durch den
Zauberwald der Seele
herausgegeben von
Felix von Bonin